AF338830

RÉFLEXIONS

SUR

l'Article 7

DU PROJET D'INDEMNITÉ

A ACCORDER

AUX EMIGRÉS.

Fevrier 1825.

RÉFLEXIONS.

Le Roi a pensé que le moment était venu où les finances de l'Etat permettaient d'indemniser les victimes des confiscations que la révolution avait prononcées.

Le Ministère a conseillé au Roi de soumettre à la discussion des Chambres un projet de loi sur une indemnité à accorder aux émigrés.

Il le présente comme un grand acte de justice.

De tous les droits dont la société doit la conservation, dit-il, *le droit de propriété est sans doute le plus sacré : quand il a été violé, l'Etat doit réparer le dommage injustement souffert. Si la Charte et la tranquillité publique ne permettent pas de rendre les biens qui furent enlevés par la vengeance, l'État, qui les a vendus, doit un dédommagement à ceux qui ne furent dépossédés que par des lois de violence et de colère. Ce dédommagement est la repré-sentation de l'immeuble confisqué ; il se rat-tache à la propriété ; il semble avoir tou-jours fait partie des biens ou des actions possédés par l'ancien propriétaire.*

C'est, d'après ces motifs, qu'il faut décider à qui l'indemnité sera accordée, lorsque l'émigré est décédé.

Les biens vendus peuvent lui avoir appartenu avant son émigration ; ils peuvent ne lui être échus que pendant son émigration, et avoir été pris par l'Etat, à titre de partages, de successions, ou de présuccessions.

Les successibles peuvent avoir été différens aux trois époques de la mort civile, de la mort naturelle, ou de la promulgation de la loi.

Les héritiers peuvent être appelés par institution contractuelle ou testamentaire, par donation, par legs ou *ab intestat*.

Sans entrer dans toutes ces hypothèses, ce projet se borne à présenter, art. 7, la disposition suivante.

« Seront admis à réclamer l'indemnité,

» l'ancien propriétaire, et à son défaut l'hé-
» ritier en ligne directe ou collatérale au
» degré successible, qui serait appelé à le re-
» présenter à l'époque de la promulgation
» de la présente loi. »

Il choisit donc le parent le plus proche au moment de la restitution.

Nous nous proposons d'établir que cet article est injuste, et qu'il doit être changé.

Il sera facile de se convaincre de cette vérité, si l'on réfléchit au principe sur lequel la loi toute entière est fondée.

Le ministère déclare que l'indemnité représente l'immeuble vendu; — que la propriété de cet immeuble n'a été enlevée que par un abus de la force; — que la Charte et la tranquillité publique sont l'obstacle unique, mais invincible, qui s'oppose à ce que l'immeuble soit rendu à celui auquel il avait appartenu; — que l'Etat est *obligé* à indemniser l'émigré de la violence dont il a été la victime.

En reconnaissant ces principes, il faut en admettre les conséquences.

Il en résulte que la loi n'est pas une faveur, puisqu'elle n'est que l'acquit d'une dette.

L'Etat n'accorde point de grâce, lorsqu'il indemnise le propriétaire, qu'il avoue avoir injustement dépouillé. Il ne fait que remplir un devoir.

Dès le moment de la spoliation, le propriétaire spolié a eu droit à la réparation de l'injustice dont il était la victime.

Puisque la propriété est inviolable, l'Etat était *légalement* obligé de la restituer à celui qu'il en privait.

Tant que la restitution n'avait pas lieu, le propriétaire avait une action pour réclamer son domaine.

La force pouvait étouffer ses réclamations; mais, pour ne pouvoir être exercé, son droit n'était pas moins évident.

Il ne fallait attendre que la cessation de la violence, pour le faire reconnaître.

Le droit était certain, il était acquis; l'exercice seul en était suspendu.

Le projet ne peut donc attribuer de droits à personne: il ne peut que déclarer, que reconnaître les droits nés de la spoliation, et aussi anciens qu'elle.

Si, comme en Piémont, la restauration avait eu lieu trois mois après le renversement du trône; si, pendant la suspension de l'exercice du pouvoir royal, le pouvoir *de fait,* qui avait pris les rênes de l'état, n'avait vendu aucune partie des biens confisqués; à quel titre ces biens seraient-ils rentrés aux mains de l'émigré ?

Le ministère conviendra sans doute que c'eût été à titre de restitution, comme la réparation d'un vol, comme l'accomplissement d'une dette, et non comme un bienfait du Prince.

Il avouerait que la propriété, pendant ces trois mois, en serait restée *de droit* sur la tête du propriétaire fugitif; et, qu'en rentrant *de fait* dans la jouissance de son domaine usurpé par l'état, l'émigré ne différerait en rien du propriétaire auquel les tribunaux accordent la restitution d'un héritage que son voisin lui aurait enlevé.

La Charte n'a pas permis qu'une restauration, arrivée après un quart de siècle, produisît les mêmes effets que le rétablissement du pouvoir royal après un orage momentané.

L'émigré ne peut pas rentrer dans la propriété de ses immeubles, vendus à des tiers, mais il rentre dans l'indemnité qui les représente.

Les deux hypothèses sont semblables *en droit*; elles sont semblables pour la valeur recouvrée; elles ne diffèrent que sur l'identité de l'objet perdu et restitué.

Mais cette différence n'existe pas aux yeux de la loi, dès que la propriété de l'immeuble est remplacée par la propriété de l'indemnité.

Cette indemnité est subrogée à l'immeuble, elle a la même source, elle est grevée des mêmes charges, elle la représente d'une manière absolue.

Elle appartient donc à celui qui avait la propriété de l'immeuble, et au même titre que cet immeuble lui appartenait.

Elle est réputée avoir toujours été dans ses biens, parce que la propriété de l'immeuble y a toujours été.

(7)

Il a toujours eu le domaine *direct;* il ne lui manquait que la nue détention, que le domaine *utile.*

Mais c'était un *fait* qui ne changeait rien au *droit.*

Cette distinction entre le *droit* que le propriétaire conserve toujours, et l'obstacle de *fait* qui en gêne l'exercice, est tellement constante, que la cour de cassation a décidé que l'émigré, mort civilement en France, et vivant à l'étranger, était saisi de plein droit, en vertu de la maxime *le mort saisit le vif,* de la succession de son fils mort en France où il l'avait laissé;—que *ce droit* de saisine légale n'était que *suspendu* par l'effet des lois sur l'émigration;—que cette suspension n'avait pas empêché qu'il le transmît, comme ses autres biens, à l'héritier qu'il avait au moment de son décès arrivé pendant sa mort civile. *Arrêt du 3 janvier* 1821.

Si l'on reconnaît à l'émigré *le droit d'acquérir* par voie de succession, quoique les successions dépendent *du droit civil,* comment refuserait-on de reconnaître en lui *le droit de conserver* le domaine des propriétés qui lui ont toujours appartenu, domaine qui a sa source dans *le droit naturel*, et que la loi civile ne peut jamais cesser de respecter sans commettre une injustice.

Si ces raisonnemens n'étaient pas assez puissans par eux-mêmes, s'ils avaient besoin d'être appuyés par des autorités, nous invoquerions celle de l'illustre évêque de Meaux.

« Il y a dans les empires, dit *Bossuet*, des
» lois contre lesquelles tout ce qui se fait,
» est nul de droit; il y a toujours lieu à revenir
» contre, ou dans d'autres occasions, ou dans
» dans d'autres temps: de sorte que chacun
» demeure légitime possesseur de ses biens;
» personne ne pouvant croire qu'il puisse
» jamais posséder en sûreté, au préjudice
» des lois, dont la vigilance et l'action contre
» les injustices et les violences est immor-
» telle. »

Il faut donc reconnaître, comme un point hors de toute contestation, que le projet a pour base fondamentale ce principe, que l'émigré n'a pas cessé un instant d'avoir la propriété légale de ses immeubles, dont un abus de la force lui a enlevé physiquement l'usage.

Cette base prouvée et admise, il en résulte nécessairement que le droit, l'action, qui était dans le domaine de l'émigré pour reprendre son immeuble, ou la représentation de cet immeuble, a passé, comme tout ce qu'il possédait, à l'héritier qu'il a laissé au moment de son décès.

C'est la conséquence nécessaire de la maxime, qui veut que l'héritier représente le défunt dans tous ses droits actifs et passifs ; et qu'il en soit saisi, au moment de son décès, par la seule force de la loi.

C'est aussi ce qu'a décidé l'arrêt déjà cité, du 3 janvier 1821.

Mais cet héritier, quel est-il ?

Ce ne peut pas être le parent le plus près au moment de la mort civile, parce que la mort civile des émigrés a été abolie, pour le passé comme pour l'avenir, par l'ordonnance du 21 août 1814.

Ce ne peut pas être le parent le plus près au moment de la promulgation de la loi, parce qu'il n'est pas *héritier :* la loi n'accorde ce titre qu'au parent le plus près à l'époque de la mort; elle ne s'attache qu'à cet instant de la mort, parce que c'est à ce moment que s'opère la transmission de l'hérédité, afin de continuer la possession du défunt, dans la personne de l'héritier; elle *saisit* cet héritier. Dès-lors, la succession ne peut s'ouvrir une seconde fois, à une époque postérieure, parce que l'héritier *saisi* ne peut plus être dépouillé.

L'héritier ne peut donc être que le parent le plus prés, au moment de la mort naturelle de l'émigré.

On objecterait inutilement que l'émigré peut être décédé à l'étranger, pendant qu'il était mort civilement en France, avant le sénatus-consulte du 4 floréal an 10; et que le mort civilement ne peut laisser d'héritiers à l'époque de son décès.

Cette circonstance est indifférente pour l'application des principes que nous discutons.

Nous avons déjà rappelé, que l'ordonnance du 21 août 1814 abolissait la mort civile des émigrés pour le passé comme pour l'avenir.

Mais cette ordonnance n'est pas nécessaire pour détruire l'objection dont il s'agit, parce que la mort civile, prononcée en France, ne pouvait atteindre le droit que nous examinons.

Ce droit, semblable à toutes les actions, à toutes les créances, accompagne partout celui auquel il appartient; il réside toujours sur sa tête: *inhæret cuti et ossibus creditoris*, disent énergiquement nos anciens jurisconsultes.

Il a donc suivi l'émigré dans son exil sur la terre étrangère; il s'y est trouvé avec les créances en porte-feuille, les effets mobiliers, et les immeubles que l'émigré possédait à l'étranger au moment de son décès. Il a donc formé une partie intégrante de la succession de l'émigré.

Cette succession était à l'abri des atteintes de la mort civile, prononcée par les lois françaises.

Ouverte à l'étranger, elle appartenait incontestablement au parent le plus près du défunt à cette époque, ou à l'héritier qu'il s'était choisi.

La loi française ne pouvait disposer des biens situés à l'étranger, et appartenant à l'émigré qu'elle avait proscrit.

Sur la terre où il s'était réfugié, l'émigré jouissait de tous les droits de la vie civile, selon les lois du pays qu'il habitait; il transmettait donc sa succession par testament, ou *ab intestat*, selon que ces lois le lui permettaient.

Et puisque ces lois la déféraient au parent le plus près, ou à l'héritier testamentaire, elle lui arrivait de plein droit à l'instant de la mort, d'après la maxime générale: *le mort saisit le vif.*

C'est encore un des points jugés par l'arrêt du 3 janvier 1821, que nous avons déjà cité plusieurs fois.

Ainsi, quelque soit le lieu et l'époque du décès de l'émigré, son héritier testamentaire, ou *ab intestat*, a eu un droit acquis à la totalité de sa succession.

On ne peut lui en ravir aucune partie,

sans donner à la loi un effet rétroactif, ou sans abuser de la puissance législative.

Pour lui imposer cette privation, il faut :

Ou déclarer que ce droit n'était pas dans la succession, quoiqu'il y fût réellement;

Ou s'en emparer, pour l'attribuer à un autre individu.

Le ministère n'a sans doute pas remarqué qu'un abus aussi monstrueux se trouvait déguisé sous cette proposition de *remettre l'indemnité au parent le plus proche , au moment de la promulgation de la loi.*

Le résultat évident de cette proposition, c'est d'enlever à l'héritier, qui a été saisi de la succession, une action qui en dépendait, pour la donner au parent le plus près, au moment de la promulgation de la loi.

S'il s'élevait une voix pour proposer d'enlever à l'héritier de l'émigré des meubles , ou des immeubles que celui-ci aurait laissés à l'étranger au moment de son décès, le ministère la repousserait avec indignation. En réparant les abus de la violence, il ne com-

mettrait pas un autre abus non moins ré-
préhensible.

Au moment où l'on proclame de toute
part l'inviolabilité des propriétés, qui oserait
leur porter une atteinte aussi funeste?

Cependant la remise que l'on propose
n'est pas moins injuste.

On choisit le parent auquel on veut remettre l'indemnité!

Mais, pour choisir, il faut avoir la liberté
du choix.

Jamais un débiteur éleva-t-il la prétention
de choisir la personne à qui il rembourse-
rait sa dette?

Il faut qu'il la paie à son créancier, parce
que son créancier seul en est le propriétaire.

On ne peut choisir que quand on donne.

Ici, il n'y a point de don. L'orateur du
gouvernement le proclame à chaque page;
et l'on conviendra sans peine qu'une libéralité d'un milliard pèse trop sur les contri-
buables, pour que les pouvoirs de la société
aient seulement l'idée de l'accorder.

Mais, puisque ce n'est pas une libéralité,
puisque ce n'est que l'acquit d'une dette,

puisque l'Etat, qui s'est emparé injustement d'une propriété qui était inviolable, d'après la loi du 21 janvier 1790, est débiteur de cette même propriété; comment serait-il libre de choisir la personne à laquelle il la rendra?

Comment pourrait-il se libérer envers un autre que le représentant, l'héritier de l'émigré ?

Par quelles séductions le ministère a-t-il pu être trompé, au point de s'écarter de ces principes.

Il en donne quatre motifs.

Premier Motif. *Le droit reconnu aujourd'hui n'était qu'une expectative qui ne pouvait pas être comprise dans un legs.*

Une expectative ! Nous croyons avoir prouvé que c'étoit un droit évident, puisque la propriété est inviolable.

Mais ne serait-ce pas une étrange contradiction de présenter l'indemnité comme le remboursement d'une dette sacrée, et de prétendre que cette dette n'est pas la conséquence d'un droit.

Il ne peut y avoir de dette sans créance : ce sont deux corrélatifs indispensables.

L'exercice du droit peut être empêché, le paiement de la créance peut être suspendu ; mais, pour cela, le titre n'est pas dénaturé.

Ce sont des obstacles *de fait* qui n'altèrent pas le *droit*, et qui ne peuvent pas le détruire, pour le transformer en une simple *expectative*.

Au surplus, *expectative* ou *droit*, il faut bien qu'il ait formé pour le propriétaire un *titre* quelconque; sans cela, ce serait une *libéralité*, et l'on déclare que l'indemnité n'est pas une grâce.

Or, par quelle raison celui qui avait ce *titre*, n'auroit-il pas pu en disposer avant de mourir à l'étranger? Par quelle raison ne pourrait-il pas le comprendre dans le testament qu'il ferait aujourd'hui?

Où est la loi qui défend à l'émigré de vendre, donner ou léguer l'indemnité qu'il espère obtenir un jour du gouvernement pour les biens qui lui ont été saisis par confiscation.

Cette loi n'existe nulle part: La disposition

serait donc valable, puisque, en matière civile, tout ce qui n'est pas défendu, est permis.

L'indemnité payée à titre de justice, est la reconnaissance d'une dette préexistante.

Quand la reconnaissance a lieu, la dette a nécessairement été contractée envers quelqu'un qui en était propriétaire.

Puisqu'il en était propriétaire, il a pu en disposer, ou la laisser à ses héritiers *ab intestat.*

II.e MOTIF : *Les confiscations ont toujours été remises aux parens les plus proches, à quelque titre qu'elles fussent faites.*

L'orateur du gouvernement s'est évidemment trompé.

Une distinction est ici nécessaire :

L'assertion est vraie, si l'on parle des confiscations *pour crimes*, prononcées par les tribunaux.

En ce cas, la remise est un bienfait; par conséquent, le Prince, maître de ses grâces, l'accorde à qui bon lui semble.

Mais l'assertion est inexacte si l'on parle

des confiscations qui n'ont pour cause que l'expatriation, ou une injustice avouée.

En ce cas, la remise de la confiscation a toujours été accordée à l'héritier à l'époque du décès.

C'est ce que décidaient, pour les biens des religionnaires fugitifs, l'édit du mois de décembre 1689, la loi du 15 décembre 1790, et ce qui a été reconnu par deux arrêts de la cour de cassation, des 30 avril 1806 et 13 juin 1811.

C'est ce que prescrivait la loi du 21 prairial an III, pour la remise des biens confisqués ensuite de jugemens du tribunal révolutionnaire; et c'est ce qui est développé dans un arrêt de la cour de cassation, du 23 thermidor an X.

C'est ce que reconnaît un avis du conseil d'état du 9 thermidor an X, pour les héritiers de l'émigré mort avant le sénatus-consulte du 6 floréal précédent; et ce que proclame un arrêt de la cour de cassation, du 21 décembre 1807.

Enfin, c'est ce qui a été adopté, depuis la restauration, par l'article 116 de la loi du 28 avril 1816, et par un arrêt de la cour de cassation, du 30 mars 1824, pour les héritiers des émigrés auxquels avaient été engagés des domaines de l'état, lorsqu'ils voudraient en devenir propriétaires incommutables.

Il a donc été toujours reconnu que, lorsque la remise de la confiscation est un acte de justice, et non une grâce, elle appartient à l'héritier naturel ou testamentaire, à l'époque du décès, parce que en ce cas la confiscation est censée n'avoir jamais existé, elle est réputée non avenue, et par conséquent les biens sont remis suivant l'ordre naturel des successions.

Puisque la remise actuelle n'est qu'un acte de justice, elle doit être accordée, comme elle l'a toujours été en pareil cas, à l'héritier naturel ou testamentaire, au moment du décès.

III.e Motif : *On manquerait son but, si l'indemnité n'était pas accordée aux familles dépouillées : en remontant pendant un espace de 30 ans , on trouverait trois législations différentes , par lesquelles la succession serait divisée et subdivisée à l'infini, et arriverait à des étrangers à l'ancien propriétaire.*

Avant de rechercher si l'on manquerait son but, il faut examiner si l'on est libre d'en choisir un.

Nous avons démontré que cette liberté n'existait pas ; — que la puissance du Roi était enchaînée par sa justice : — qu'elle ne pouvait priver l'héritier du temps du décès, de la remise projetée, sans lui enlever un droit qui lui est irrévocablement acquis.

Quand la justice parle aussi énergiquement, on n'est pas libre de s'arrêter à des considérations.

Mais si l'on pouvait peser les inconvéniens, il y en a beaucoup plus à suivre l'article présenté qu'à le rejeter.

La plus grande partie des émigrés a sur-
vécu au code civil publié depuis 1803 : il
n'est donc pas à craindre que leurs successions soient divisées à l'infini, d'après la
loi du 17 nivose an II.

Quand l'émigré serait mort avant ce
code, son décès serait arrivé à l'étranger,
car il ne s'est écoulé qu'un an entre le
sénatus-consulte d'amnistie, et la publica-
tion du titre du code relatif aux successions.

A l'étranger, il a pu disposer, et ses
dispositions ne peuvent être atteintes par
la loi française, ainsi que nous l'avons
prouvé plus haut ; elles doivent être suivies
ponctuellement. C'est une des questions ju-
gées par l'arrêt du 30 mars 1824, que
nous avons déjà cité.

Est-il juste d'accorder moins de confiance
au choix fait par l'émigré, qu'au hasard qui
désignerait la personne habile à succéder, au
moment de la promulgation de la loi?

Ce parent, désigné par la loi, ne tenait
certainement aucune place dans les affec-
tions du testateur, puisqu'il ne l'a pas men-

tionné dans le texte de ses dernières volontés;
il ne le secourut pas dans son exil, peut-
être fût-il son persécuteur, et sa main l'ins-
crivît sur la liste fatale.

Sans doute, il peut se trouver aussi quelques inconvéniens dans l'exécution des tes-
tamens et des legs des émigrés; mais ils
ne peuvent consister qu'à augmenter le
témoignage de la reconnaissance, dont le
signe n'est pas douteux. Jamais ils ne récom-
penseront des pervers.

La loi peut-elle être faite pour quelques
exceptions rares? son caractère n'est-il pas
de disposer pour les cas généraux; et, dans
ce doute, ne doit-on pas favoriser la volonté
des mourans?

IVe Motif. *Il convient de se conformer
à la loi du 5 décembre 1814, qui a été
ainsi entendue par la cour de cassation
et le conseil du Roi; parce que, sans
cela, les biens du même individu seraient
réglés par deux lois opposées.*

Il est vrai que c'est ainsi qu'on a entendu
la loi de 1814, mais il faut en voir le motif.

La cour de cassation a eu soin de déclarer, que c'est parce cette loi est une pure grâce, et non un acte de justice; — qu'elle n'a pas aboli, pour le passé, les effets de la confiscation; — que, par ce motif, on a effacé, de l'article 2, ce mot *restitué*, et on l'a remplacé par le mot *rendu*.

Est-il un seul de ces motifs, qui ne soit diamétralement contraire à ceux qui ont déterminé la présentation du projet actuel?

Il déclare que la confiscation est aussi injuste qu'odieuse, et il en répare les effets.

Il rend virtuellement la chose confisquée; puisqu'il en *restitue* la valeur.

Il déclare qu'il n'accorde point de grâce, mais qu'il ne fait qu'un grand acte de justice.

Des motifs, aussi opposés à ceux de 1814, doivent produire des résultats tout différens, et par conséquent la jurisprudence, établie d'après la loi de 1814, n'est ici d'aucun poids.

Il est vrai que les biens du même émigré seront régis par deux législations différentes, mais cela existe déjà, et il n'en résulte aucun inconvénient.

Les biens que l'émigré a laissés, en mourant à l'étranger, ont passé à son héritier naturel, ou testamentaire.

Les biens, qui ont été rendus par la loi de 1814, ont été remis, non à son héritier, mais au parent qui s'est trouvé le plus près, le 5 décembre 1814.

Les domaines engagés à l'émigré ont été rendus, par l'art. 116 de la loi du 28 avril 1816, à l'héritier naturel, ou testamentaire, qu'il a laissé à l'époque de son décès.

Ses biens sont donc déjà régis par des législations diverses, comme ils sont partagés entre des personnes différentes.

Mais cela ne cause pas plus de confusion qu'on n'en voit dans les successions, où se rencontrent plusieurs dispositions irrévocables, faites en différens temps, avant la révolution, sous la loi de l'an XI, sous la loi de l'an VIII, depuis le code civil.

Chacune est appréciée et exécutée selon la loi en vertu de laquelle elle a été faite.

Aucun des motifs allégués par le ministère, ne peut donc l'emporter sur le droit positif, impérieux, qui résulte pour l'héritier au temps du décès, de la loi transmissive des successions.

Ce droit est également fortifié par les considérations morales les plus puissantes.

Ce ne sera pas en vain que l'émigré aura choisi pour héritier l'ami, le parent qui le suivit dans la terre étrangère, qui le secourut dans ses jours de détresse.

Ce ne sera pas en vain qu'il lui aura légué, avec les débris d'une fortune spoliée, ses espérances et ses droits.

Au jour de la réparation le législateur ne trahira pas ses intentions, ne méprisera pas sa volonté.

L'héritier désigné par la reconnaissance de l'émigré, le représentant de sa personne et de ses droits, ne se verra pas préférer le parent qui méconnut le testateur et en fut déshérité, qui peut-être combattit et persécuta une cause pour laquelle l'émigré a exposé sa vie et sacrifié sa fortune.

Pour la première fois, la mort civile dépasserait les limites de son empire, et la révolution poursuivrait sa victime au-delà de son tombeau.

Comme, si ce n'était assez de mépriser la volonté des morts, on veut encore interdire les vivans!

C'est en vain que le vieux serviteur a vu le retour de son maître; c'est en vain qu'il entend les promesses de son roi; le projet de loi ne lui permet pas de les regarder comme la portion la plus glorieuse de son patrimoine.

Il va descendre dans la tombe, et si elle se ferme sur lui avant la promulgation de la loi, il ne pourra pas disposer de la fortune que sa fidélité lui fit perdre, et que la loyauté va lui rendre ; il ne la transmettra pas à l'héritier qu'il s'est choisi.

La loi s'en empare : elle la donnera, malgré lui, peut-être, à son ennemi le plus cruel.

Non, ce ne sont pas là les intentions du Prince qui nous gouverne; il sait que le pouvoir des rois est limité par la justice.

Administrateur de la fortune de l'Etat, il veut acquitter la dette que l'Etat a contracté; il saura qu'il ne peut reconnaître son créancier que dans celui que la justice et la loi ont indiqué d'avance.

—

IMP. DE CHALANDRE FILS.